AF388762

LES
LIEUTENANTS DE POLICE
ET LES
MUNICIPALITÉS
DANS LE RESSORT DU PARLEMENT DE PARIS
AU DÉBUT DU XVIIIᵉ SIÈCLE

PAR

L. CAHEN

Extrait de la *Revue des Études Historiques* (1ᵉʳ Février 1898)
(Nouvelle série. Tome I, pp. 19-34)

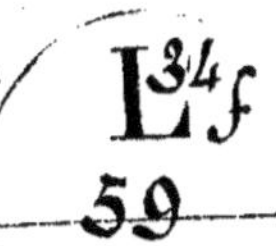

PARIS
ANCIENNE LIBRAIRIE THORIN ET FILS
ALBERT FONTEMOING, ÉDITEUR
Libraire des Écoles Françaises d'Athènes et de Rome
du Collège de France, de l'École Normale Supérieure
et de la Société des Études historiques
4, RUE LE GOFF, 4

Les Lieutenants de police et les Municipalités dans le ressort du Parlement de Paris au début du XVIIIe siècle

Au mois d'octobre 1699, Louis XIV, étendant à tout le royaume
l'édit de mars 1664, décida que dans toutes les villes où siégaient
des cours de justice, il y aurait désormais un lieutenant de police.
Les nouveaux magistrats recevaient des prérogatives étendues et
semblaient appelés à jouer un rôle important : « et afin que les fonc-
« tions soient certaines et ne puissent leur être contestées, nous vou-
« lons et ordonnons que lesdits lieutenants généraux de police con-
« naissent de tout ce qui concerne la sûreté des villes et lieux où
« ils seront établis, du port d'armes prohibé par nos ordonnances,
« du nettoiement des rues et places publiques, de l'entretènement
« des lanternes dans les villes où l'établissement en a été fait, cir-
« constances et dépendances, de toutes les provisions nécessaires
« pour la subsistance desdites villes, des amas et magasins qui en
« seront faits, du taux et prix des denrées ; auront la visite des
« halles, foires et marchés, des hôtelleries, auberges, maisons gar-
« nies, cabarets, cafés, tabacs, et autres lieux publics ; auront la
« connaissance des assemblées illicites, séditions, tumultes, et
« désordres, qui arriveront à l'occasion d'icelles, des manufactures
« et dépendances d'icelles, des élections des maîtres et jurés de
« chacun corps des marchands et métiers, des brevets d'apprentis-
« sage et réception des maîtres, des rapports et procès-verbaux de
« visite des jurés et de l'exécution des statuts et des règlements des
« arts et métiers ; donneront tous les ordres nécessaires dans les cas
« d'incendies ou inondations ; feront l'étalonnage des poids, balances
« et mesures des marchands et artisans desdites villes et faux-
« bourgs d'icelles, à l'exclusion de tous autres juges ; connaîtront

« de l'exécution de notre déclaration du dernier août 1699 touchant
« le trafic des bleds ; recevront le serment de ceux qui voudront
« faire trafic desdits bleds et autres grains, à l'exclusion de tous nos
« autres juges auxquels nous en interdisons la connaissance ; connaî-
« tront aussi des contraventions qui seront commises à l'exécution
« des ordonnances, statuts et règlements faits pour le fait de la
« librairie et imprimerie ;.... assisteront à toutes les assemblées de
« villes et y auront voix délibérative ; parapheront tous les bulle-
« tins qui seront délivrés par les jurats, capitouls, consuls, maires
« et échevins, pour les logements des gens de guerre, et générale-
« ment appartiendra auxdits lieutenants généraux de police l'exé-
« cution de toutes les ordonnances, arrêts, et règlements concer-
« cernant le fait d'icelles, circonstances et dépendances [1]. »

Ainsi les lieutenants généraux de police sont en même temps
des officiers de police et des juges ; ils connaissent, non seulement
des délits commis sur la voie publique, mais aussi des fraudes
industrielles ; ils sont chargés de combattre la mendicité, de réprimer le vagabondage, mais aussi de prévenir la disette, d'assurer
l'alimentation publique ; tout ce qui touche à l'hygiène est de leur
compétence. Il y a plus : dans les assemblées de ville, ils jouent, en
quelque sorte, le rôle de commissaires royaux, en face des maires
devenus héréditaires ; ils ont droit de prendre part à toutes les déli-
bérations, d'intervenir dans toutes les discussions ; ils contrôlent
d'une manière permanente la gestion des officiers municipaux, surveillent l'emploi des deniers d'octroi qui constituent le revenu prin-
cipal des villes. Leurs droits sont donc très grands, leur compétence très étendue. Pour que nul ne les trouble dans l'exercice de
leurs fonctions, le roi supprime tous les offices identiques ou ana-
logues qui avaient pu être créés par ses prédécesseurs ; pour que
les lieutenants de police puissent se consacrer tout entiers à leur
mission, le roi exprime le désir qu'ils ne soient titulaires d'aucune
autre charge.

Ce désir est-il sincère ? La création des nouveaux officiers est-elle
une mesure politique de haute portée, ou un expédient financier [2] ?

---

1. Isambert, lois (t. XX, p. 346), ne donne que le préambule ; nous citons le texte
de l'édit d'après Peuchet (*Collection des lois..... de police*, 2ᵉ série, t. II, p. 90-95).

2. Des considérations financières contribuèrent sans doute à inspirer l'édit de 1699 :
le trésor était vide, la situation politique grave, et la création d'offices était une res-

Peu nous importe. L'édit de 1699 ne fut jamais rapporté ; il conférait aux lieutenants de police d'importantes prérogatives : a-t-il été exécuté, et dans quelle mesure ? voilà la seule question qui doive solliciter notre attention. Pour répondre à cette question d'une manière complète, il faudrait retracer sans doute l'histoire de l'institution même, et ce travail suppose de longues recherches auxquelles nous n'avons pu nous livrer. Mais une enquête, à laquelle le procureur général Joly de Fleury fit procéder à la fin de 1729 et au début de 1730, nous fournit quelques renseignements précis, et nous permet de nous rendre compte, d'une façon détaillée, du sort qu'eut, dans l'étendue du ressort du Parlement de Paris, l'édit de 1699 [1].

*
* *

Il y eut tout d'abord un petit nombre de circonscriptions, une douzaine environ, où l'édit ne fut pas du tout appliqué, et qui res-

source à laquelle la monarchie de l'ancien régime recourait volontiers dans les cas difficiles. L'édit de 1699 fut peut-être, cependant, autre chose qu'un expédient budgétaire, qu'un emprunt déguisé. La misère est extrême en France à la fin du XVII⁰ siècle ; les routes sont infestées de vagabonds, de brigands même ; et l'on sait la crainte qu'inspira toujours la mendicité à l'ancienne royauté. Louis XIV chercha à la supprimer par la création des Hôpitaux généraux et par des édits sévères ; mais, tandis qu'à Paris, les institutions charitables et les dispositions législatives rigoureuses avaient produit un effet appréciable, en province, la situation s'était aggravée. L'institution des lieutenants généraux de police pouvait donc sembler à Louis XIV, en 1699, le seul moyen de réprimer le vagabondage et la mendicité.

1. Les résultats de cette enquête sont conservés à la Bib. Nat., fond Joly de Fleury, vol. 1095. Nous n'avons plus la circulaire par laquelle Joly de Fleury invitait les lieutenants de police à lui adresser l'exposé de leurs plaintes, à le renseigner sur la mesure dans laquelle ils exerçaient leurs droits ; mais une lettre de rappel, datée du 17 avril 1730, doit reproduire à peu près le questionnaire original. La voici : « Je « suis surpris que vous ne m'ayez pas encore fait réponse à la lettre que je vous ai « écrit dès le 7 décembre dernier, pour savoir si l'édit de 1699 portant création des « Lieutenants généraux de police est exécuté en entier dans votre ville, par rapport « à la clause qui donne entrée et voie délibérative aux Lieutenants généraux de « police dans les Hôtels de Ville, si le Lieutenant-général de police de votre siège est « en possession de prendre sa place et de donner son suffrage dans les assemblées « ordinaires de la ville, s'il est en possesion aussi de la séance et de donner sa voix « dans les assemblées extraordinaires, dans ce qui regarde les élections des officiers, « les baux et adjudication d'ouvrages, les emplois et distribution des deniers d'oc- « troi, et s'il est aussi en possession de viser les bulletins pour les logements des gens « de guerre... Vous n'oublierez pas de me marquer si la charge de Lieutenant général « de police dans votre siège est possédée par un officier particulier ou si elle a été réu- « nie à quelque office du siège ou au siège en général pour en faire les fonctions avec « les officiers. » (Joly de Fleury. 1095, f⁰ 4.)

tèrent, comme par le passé, sans lieutenants de police. Des princes étrangers possédaient en France des domaines plus ou moins vastes qu'ils faisaient administrer par leurs agents, et dans l'étendue desquels ils jouissaient de droits souverains. Le roi, qui ne pouvait, dans ces principautés, nommer aux offices existants, ne pouvait, à plus forte raison, en créer de nouveaux; et c'est ainsi que Vic, possession du prince de Monaco, ne compta point parmi ses magistrats un lieutenant de police[1]. Dans d'autres bailliages ou sénéchaussées, la charge ne trouva pas d'acquéreurs. Le fait est assez curieux. Sans doute, au XVIIIe siècle, on achetait un office comme nous achetons un titre de rente. Les fonctions de lieutenant de police étaient malgré tout plus honorifiques que rémunératrices[2], et l'on s'explique aisément que, dans des régions pauvres et montueuses, à Murat par exemple, personne ne se soit soucié de dépenser, presque en pure perte, une somme relativement considérable. Mais pas plus à Mâcon, à Épernay, à Corbeil, qu'à Murat, Bourgargental ou Montrichard, la charge ne fut « levée », et pourtant, soit par leur importance propre, soit par la richesse de leurs environs, ces villes laissaient loin derrière elles des bourgs comme La Fère, où l'honneur de devenir lieutenant de police avait tenté quelqu'un. Pourquoi cette différence? Rien ne nous permet de l'expliquer.

Dans tout le reste du ressort, il y eut des agents royaux qui portèrent le titre de lieutenants de police. Est-ce à dire que, dans chaque bailliage, il y eut un officier nouveau, chargé uniquement,

---

1. J. de F., 1095, f° 242. De même à Gien, où le roi s'est interdit par contrat de lever de nouvelles charges.

2. Voici les avantages que le roi par l'édit de 1699 accorde aux lieutenants de police : « Et jouiront des mêmes honneurs, prérogatives, privilèges, droits et autres « avantages dont jouissent les lieutenants généraux desdits présidiaux, bailliages et « sénéchaussées, même de l'exemption des tailles, subsides, logements des gens de « guerre, tutelles, curatelles et nominations d'icelles, du service du ban et de l'arrière « ban, généralement de toutes charges publiques, du droit de committimus, et d'un « franc-salé, que nous avons fixé, savoir pour ceux qui seront établis dans les villes où « il y a Parlement, ou autres Cours supérieures, à un minot, et dans les autres villes « et lieus, un demi-minot qui leur seront délivrés en la manière ordinaire. Leur avons « en outre attribué et attribuons la somme de 1133.333 l. 6 s. 8 d. de gages effectifs à « départir entre eux, suivant les rôles qui en seront arrêtés en notre Conseil, à « prendre sur les Revenant-bons, tant des deniers patrimoniaux et d'octrois des villes « et communautés où ils seront établis, que des fonds qui s'imposent en aucune de « nos provinces... » Peuchet, *op. cit.*, II., *ibid.*

spécialement, des fonctions que l'édit de 1699 avait attribuées aux lieutenants de police? Bien loin de là. Les officiers qui avaient jusque là connu des délits contre l'ordre public, commandé à la maréchaussée, surveillé les marchés, etc., perdaient une partie de leurs attributions, et, par suite, de leurs revenus. Se résigneraient-ils, pour ne pas engager un nouveau capital, à cette mesure qui les lésait? ou se résigneraient-ils, pour garder intacte la valeur de leurs charges, à un surcroît de dépenses? Tels étaient les deux partis qu'ils pouvaient prendre. La plupart adoptèrent le second, se portèrent acquéreurs du nouveau brevet; le gouvernement royal, qui avait cependant inscrit dans l'édit des dispositions contraires, le leur délivra sans difficulté; et, comme, au cours des siècles, s'étaient déjà produites les combinaisons de pouvoirs les plus variées et les plus étranges, l'édit de 1699 n'eut d'autre effet que de compliquer encore l'organisme administratif, et de créer un régime véritablement chaotique. Dans une quinzaine de bailliages [1], ce fut le lieutenant général qui se rendit acquéreur de la nouvelle charge : « Feu « mon père, écrit celui d'Aurillac, ayant acquis les charges de « maire et de lieutenant général de police dont il faisait les fonc- « tions en qualité de lieutenant général, fit réunir les deux pre- « mières charges à la troisième, dont elles avaient été démembrées, « et ne fit pour ainsi dire en tout cela que reprendre ce qu'on lui « avait ôté... sans rien acquérir de nouveau que quelques préro- « gatives dont il ne jouissait pas par sa charge de lieutenant général « au présidial [2]. » Ailleurs ce fut le prévôt [3], ailleurs le président au présidial, le sénéchal de robe longue, ou le bailli [4]. En plusieurs endroits les pouvoirs de police appartenaient au *corps* des officiers de justice ; ces officiers achetèrent en commun le brevet de lieutenant de police : à Blois, par exemple, la nouvelle charge est réunie au bailliage et exercée alternativement par les officiers du bailliage [5]. À Chaumont, à Chartres, il en est de même. Quelques maires, quelques assemblées de ville avaient, surtout dans la région du nord, gardé leurs privilèges judiciaires ; pour ne point les perdre, ces maires,

1. Mantes, Usson, Senlis, Vierzon, Nemours, Baugé, Chatellerault, Châtillon-sur-Marne, Melun, Meulan, Montargis, Montluçon, Aurillac.
2. Lettre du 22 mars 1730, Bib. Nat. J. de F., 1095, fᵒ 26 vᵒ et 27.
3. Orléans, Beaugency, Angers, La Ferté-Milon.
4. Beaufort, Angoulême, Ham.
5. J. de F., *ibid.*, fᵒ 51 (22 déc. 1729).

ces assemblées de ville achetèrent le brevet de lieutenant général [1].
Les évêques prirent le même parti que les maires et les baillis ;
même ils cherchèrent à tirer avantage de cette mise de fonds injus-
tifiée, à accroître leurs privilèges ; le roi, pour complaire aux prélats,
consent à une diminution de son autorité : l'évêque de Noyon par-
tageait avant 1699 les pouvoirs de police avec les officiers royaux ;
désormais, il les exercera seul [2]. La tolérance royale fut inouïe.
Dans certaines circonscriptions, plusieurs personnes, magistrats ou
seigneurs, émettaient des prétentions rivales à la juridiction de
police. A Moulins, par exemple, le châtelain et le maire perpétuel
revendiquaient tous deux le droit de connaître des vagabonds ; à la
fin, las d'un conflit insoluble, ils avaient conclu une sorte de con-
cordat, et exerçaient tous deux en commun le droit en question. On
pouvait s'attendre à ce que le gouvernement royal saisît cette occasion de liquider la situation, et d'assurer désormais aux habitants
du bailliage l'unité de juridiction, condition d'une bonne justice.
Point du tout : il laissa le châtelain et le maire perpétuel acheter en
commun la lieutenance générale, et l'on vit, comme par le passé, deux
personnes titulaires à la fois et indivisément d'une même et unique
magistrature [3]. Aussi ne faut-il pas s'étonner si la grande majorité
des officiers qui, dans le ressort du Parlement de Paris, ont acheté
le brevet de lieutenant général de police, portent déjà d'autres
titres, et exercent d'autres charges, et s'il n'y eut, comme le voulait
l'édit, des lieutenants de police distincts et sans autres fonctions que
dans un très petit nombre de circonscriptions.

*
* *

Cette réunion de pouvoirs et de titres divers est à coup sûr
fâcheuse ; mais elle n'a qu'une importance secondaire. Si les lieutenants de police, quels qu'ils soient, ont exercé toutes les prérogatives que leur conférait l'édit, ils sont par cela même devenus plus
puissants qu'ils ne l'étaient ; ils ont acquis, le lieutenant général d'Aurillac le reconnaît, certains privilèges dont ils ne jouissaient pas auparavant, et la création des nouvelles charges

1. Boulogne, Péronne, Aire, Abbeville, Amiens, Dunkerque, Saint-Quentin, Lyon.
2. Joly de F., *ibid.*, f° 48 (30 décembre 1729). De même à Langres, Noyon, Reims.
3. J. de F., *ibid.*, f° 188. De même à Mamers.

aurait eu une portée administrative relativement considérable.
Mais en fut-il ainsi? Assurément, quand un même individu était à
la fois maire, lieutenant général au présidial et lieutenant de police,
la question ne se posait même pas : véritable souverain, il réunis-
sait en lui tous les pouvoirs. Comme maire, il avait déjà le droit
d'assister aux assemblées du corps de ville, de les présider, de
viser les bulletins des gens de guerre, toutes fonctions dévolues par
l'édit de 1699 aux lieutenants de police. Comme lieutenant général, il connaissait des crimes et délits commis sur la voie publique,
et avait la surveillance des marchés. Mais qu'un officier ne réunît
pas en sa personne cette trinité d'offices, et il avait à redouter l'op-
position des autres officiers, officiers municipaux ou officiers de justice, dont il diminuait l'importance et prétendait exercer, en partie,
les fonctions. L'enquête de 1729-1730 nous fait connaître seulement les difficultés très sérieuses que rencontrèrent les lieutenants
de police lorsqu'ils voulurent intervenir dans les affaires municipales : d'autres documents nous permettront de voir que l'exercice
de leurs autres droits fut l'occasion de conflits tout aussi fréquents
et tout aussi aigus.

Il n'y eut guère qu'une vingtaine de circonscriptions où les lieutenants de police purent, sans contestation [1], présider aux séances
du conseil de ville, aux adjudications, aux élections d'officiers : partout ailleurs, ils durent abandonner quelqu'une de leurs prérogatives. Les intendants avaient jusque là possédé le droit d'examiner et
d'approuver, par eux-mêmes, ou par leurs subdélégués, les baux et
marchés conclus par les villes, de surveiller l'exécution des contrats et des travaux, l'emploi des deniers d'octroi; en un mot, ils
avaient la haute main sur les finances municipales. En dépit de
l'édit royal, ils prétendent garder intactes leurs attributions, et
comme les intendants sont très puissants, que toute plainte contre
eux serait vaine, les lieutenants de police se résignent à céder [2].
Enhardis par cet exemple, les baillis, même les élus [3], qui, par
endroits, jouaient à l'égard des villes le même rôle que partout ailleurs les intendants, refusent, eux aussi, de se dessaisir au profit des
nouveaux officiers de leurs anciennes prérogatives.

1. Par exemple Senlis, Vierzon, Laon, le Mans, Meulan, Montargis, Montbrison,
Romorantin, Saint-Dizier, Tours, Chaumont, Chinon, Crécy, Aurillac.

2. Notamment à Orléans, Beaumont le Vicomte, Clermont.

3. Loudun, Meaux, Beaugency, etc.

Mais la résistance est surtout vive de la part des officiers municipaux. Obligés d'exécuter l'édit, ils refusent d'accepter le fait accompli, persistent à regarder les lieutenants de police comme des usurpateurs et saisissent toutes les occasions de manifester leur animosité. A Angoulême, par exemple, le lieutenant de police a obtenu un arrêt du Conseil qui le confirme dans tous ses droits et privilèges. Le maire ne peut que s'incliner devant cette sentence; mais il trouve immédiatement un prétexte pour ne point s'y conformer. La ville ne possède pas d'hôtel; les assemblées du conseil se tiennent au Palais. Le maire fera-t-il porter les bulletins des gens de guerre chez le lieutenant de police? ou celui-ci les fera-t-il prendre chez le maire? Le lieutenant de police soutient la première alternative; le maire, la deuxième; et cette question puérile, on le voit, devient l'origine d'un conflit aigu entre les deux magistrats [1].

Généralement, d'ailleurs, la résistance des conseils de ville est heureuse : ils réussissent à arracher aux nouveaux propriétaires quelqu'un des droits dont ils entendent garder la jouissance. Les lieutenants de police peuvent encore s'estimer heureux, quand le sacrifice auquel ils sont réduits se borne à l'abandon du droit de viser les bulletins de logement. Souvent, on leur soustrait le contrôle des deniers d'octroi, on leur refuse toute part aux adjudications. Mais ce n'est pas tout; ils eussent pu, par leur talent ou le prestige de leur dignité, intervenir utilement dans les discussions : dans un certain nombre de villes, on leur dénie le droit d'assister aux séances du conseil. A Beaumont-sur-Oise, les échevins écartent le lieutenant général de l'hôtel de ville [2]; à Compiègne, Gannat, Montmorillon, Rochefort, Sainte-Menehould, Sens, Soissons, Vendôme, le lieutenant général n'a pas d'autres droits que le commun des habitants. L'exemple est contagieux : à Chartres, l'édit fut exécuté de point en point pendant une vingtaine d'années; les officiers du « bailliage et siège présidial », qui avaient acquis la charge, en remplissaient les fonctions à tour de rôle, et sans contestation aucune, quand, au mois de mai 1725, le maire empêcha le « magistrat de tour » de siéger dans l'assemblée municipale « sans autre raison

---

1. J. de F., *ibid.*, f° 16 et 17. De même à Ham (f° 116) les « officiers de ville » refusent d'accorder au lieutenant de police le droit de présider leurs assemblées et de « l'aller prendre en corps chez lui pour le conduire à l'Hôtel de Ville ».

2. J. de F., *ibid.* (12 janvier 1730), f° 47.

qu'un changement de volonté[1]. » Plusieurs villes font preuve de plus
d'indépendance encore : on en jugera par cette lettre du lieutenant
de police d'Ardres : « Les officiers de l'Hôtel de Ville sont de tous
temps en possession d'exercer généralement tout ce qui est de la
police en ladite ville ; ils s'y sont maintenus malgré ledit sieur Pol-
lart, qui, se trouvant seul de son corps, n'était point en état de
faire exécuter ses règlements, et, quand il entreprenait d'en faire pu-
blier, le magistrat aussitôt en défendait l'exécution[2]... » A Soissons, le consul « revendique le droit exclusif » d'ordonner, de régler
les fêtes et réjouissances publiques[3]. L'on comprend que le procureur général se soit ému de cet état de choses, et ait ordonné une
enquête, qui d'ailleurs, resta, semble-t-il, sans aucun résultat.

Ecartés de la plupart des Hôtels de Ville, ou admis par tolérance
dans les assemblées municipales, les lieutenants de police exercent-
ils du moins en paix le reste des pouvoirs que leur conférait l'édit
de 1699 ? En aucune manière. A défaut de l'enquête de 1729-1730,
muette sur ce point, deux documents de 1722, conservés à la Biblio-
thèque nationale, nous permettront de le constater. Au mois d'octobre, quelques officiers de police écrivent à leurs collègues pour les
inviter à s'unir, et à rechercher en commun les moyens de faire exécuter intégralement l'édit de 1699[4] : « Verrons-nous, écrivent-ils,
« sans aucune sensibilité nos offices héréditaires rendus casuels,
« nos privilèges et exemptions révoqués, nos gages réduits au de-
« nier 50, nos fonctions, nos droits et nos prérogatives contestés à
« chaque moment par nos anciens ennemis, les officiers des bailliages
« et des sénéchaussées, maires et échevins et autres jaloux (qui s'ima-
« ginent être toujours en droit de nous troubler, sous prétexte que
« nos fonctions ont été démembrées des leurs) ? Verrons-nous tran-

1. J. de F., *ibid.* (19 janvier 1730) f°s 60 et 61.

2. J. de F., *ibid.*, f° 22 (21 décembre 1729).

3. Le lieutenant de police de Nogent-sur-Seine déclare qu'il n'use pas de ses droits ;
car, s'il le faisait, il rencontrerait une résistance insurmontable à l'Hôtel de Ville. A
Lusignan et à Loches, les lieutenants n'ont absolument aucune attribution. A Lusignan, le lieutenant de police, n'étant pas licencié en droit, « ne peut assister aux
séances du bailliage, ni aux assemblées qui se font au palais, parce qu'il n'y a pas
d'Hôtel de Ville » (f° 138). De même, à Loches, le lieutenant de police n'a pas droit de
séance à l'Hôtel de Ville, et ne peut faire la police, parce qu'il n'est pas licencié
(f° 133). Ces deux faits particuliers, et qu'on ne saurait confondre avec les exemples
relatés plus haut, prouvent la légèreté avec laquelle le gouvernement royal choisis-
sait ses agents.

4. Circulaire des officiers de police (octobre 1722) ; Bib. Nat. Imprimés, Lf³⁵ 10.

« quillement toutes leurs entreprises favorisées par les Parlements,
« notre juridiction si belle en elle-même, et si utile au gouverne-
« ment, avilie, dégradée de son autorité et de ses prérogatives, et
« par là devenue l'objet du mépris et de la risée du peuple? Verrons-
« nous les généreux efforts de la plupart de nos confrères qui ont
« voulu se roidir contre la licence, les abus et les désordres, récom-
« pensés de l'abandon des supérieurs et souvent d'une honteuse et
« ruineuse condamnation?... »

Toutes ces plaintes sont vagues; mais voici des griefs plus précis : « N'authorise-t-on pas des prises à partie pour une condamna-
« tion de 60 sols et même de 10 sols prononcée pour la gloire
« de Dieu, de la Religion, et le bon ordre? N'écoute-t-on pas les
« plaintes vagues et les accusations les plus téméraires de la popu-
« lace contre leurs juges et leurs supérieurs, sans faire attention que
« la première haine du monde a été contre la justice et ses mi-
« nistres? Ne fait-on pas le procès aux officiers de police, pour une
« bagatelle, sans prétexte et sans fondement, et (ce qui est bien
« pis) ne les condamne-t-on pas aujourd'hui sans les entendre? Ne
« les flétrit-on pas d'une interdiction sans aucune forme ni figure
« de procès? » Aussi les signataires de la circulaire se demandent-
ils s'il ne vaudrait pas mieux poux eux « abandonner entièrement »
leurs « charges que de rester ainsi des magistrats chimériques, sans
« autorité, sans compétence certaine, sans droits et sans préroga-
« tives? » Chargés « de taxer les denrées, procurer l'abondance, éloi-
« gner des marchés et des villes tout ce qui pourrait troubler l'ordre
« et la tranquillité, tenir les rues propres et nettes, commander des
« corvées aux incendies et aux inondations, punir les délinquants,
« faire vivre un chacun selon sa condition et son devoir », quels
avantages reçoivent-ils en échange? Quels émoluments retirent-ils
de leurs fonctions? « Cinq à six lettres de maîtrise, de jurande, et
« autant de brevets d'apprentissage chaque année (dont encore on
« nous conteste les droits), point d'épices, plus de gages, point
« d'exemptions & de privilèges, plus d'hérédité. »

Un mois plus tard, nouvelle circulaire. Les promoteurs du mouvement de résistance informent les officiers de police qu'ils ont consti-
tué une sorte de syndicat et invitent leurs collègues à leur en-
voyer leur adhésion [1]. Pour les décider, ils retracent le triste tableau

1. Circulaire des officiers de police (décembre 1722) : Bib. Nat. Imprimés, Lf 35 12.

de leur situation. « La vraie compétence et juridiction naturelle des
« officiers de police, leur titre, leurs fonctions, leurs droits et leurs
« prérogatives trop peu expliqués par les édits de leur création....,
« leur juridiction bornée, ce semble, par la plupart desdits arrêts à la
« ville et fauxbourgs de leur établissement, ou tout au plus à la ban-
« lieue, au lieu qu'elle doit s'étendre dans tout le territoire des
« bailliages et sénéchaussées dont la Chambre de police fait partie;
« la présidence attribuée aux lieutenants civils dans les assemblées
« générales de police par la déclaration du 6 août 1701, qui confond
« l'état des lieutenants généraux de police avec celui des prévôts,
« châtelains, vicomtes, anciens juges de police et subalternes des
« baillis et sénéchaux, qui ôte aux lieutenants généraux de police,
« leur vrai titre et la plénitude de puissance inséparablement atta-
« chée à la dignité et à l'autorité de la magistrature, qui les rend,
« dans leurs propres sièges, inférieurs et dépendants des lieute-
« nants civils, contre les dispositions formelles des édits du mois
« de mars 1677, octobre et novembre 1699; l'erreur qui a donné
« occasion à la déclaration du 28 décembre 1700 touchant le res-
« sort des appellations des ordonnances et jugements de police...; la
« nouvelle erreur qui s'insinue aujourd'hui, que les officiers de
« police n'ont aucune juridiction à exercer sur les corps de mar-
« chands et communauté d'arts et métiers qui n'ont point été érigés
« en maîtrises et jurandes par lettres patentes, et qui n'ont point
« des statuts émanés du conseil, homologués dans les cours supé-
« rieures; les troubles qui nous sont apportés dans la connaissance
« de la petite voierie par les trésoriers de France, les entreprises
« continuelles des officiers de l'état-major des places de guerre et
« villes frontières sur notre juridiction..., voilà la source de tant de
« conflits. » En se groupant, les officiers de police n'obtiendront
pas seulement le redressement de ces abus, mais aussi une régle-
mentation uniforme de leurs droits et la fixation d'un tarif qui les
protégera désormais contre les « plaintes indiscrètes de la populace »,
les calomnies de leurs adversaires, et même contre « des accusations
graves d'exactions et de concussions », aussi injustifiées que fré-
quentes [1].

1. Cf. la lettre, qu'adressent à Joly de Fleury les lieutenants généraux de Picardie
(B. N. f. Joly de F., 1095, fᵒ 5). « Comme l'établissement des lieutenants généraux de
police... n'a pu se faire qu'en ôtant à quelques officiers une partie de leurs fonctions

C'est chose assurément curieuse que ce syndicat de fonctionnaires au xviiie siècle, et nous regrettons de ne pouvoir apporter ici aucun détail sur son organisation, son fonctionnement, sur les démarches qu'il tenta et les résultats qu'il obtint. Les deux documents que nous venons de rapporter suffisent toutefois aux besoins de notre étude. Même à les supposer empreints d'exagération, ils prouvent péremptoirement que les lieutenants de police furent en butte à l'animosité des autres officiers de justice, que tous leurs droits leur furent contestés, et qu'ils perdirent, devant les Parlements, la plupart de leurs procès. Aussi la charge de lieutenant de police qui ne comporte plus ni honneurs ni profit, est-elle vers 1725-1730 fort discréditée. A Mortagne, pour ne prendre qu'un exemple, le premier titulaire, décédé, n'est pas remplacé ; il ne s'est point présenté d'acquéreur [1].

*
* *

Ainsi l'édit de 1699 ne fut, dans le ressort du Parlement de Paris, que très imparfaitement appliqué. Mais, en même temps qu'elle résout un problème, notre étude en pose un autre, plus délicat et d'intérêt plus général. La conduite des officiers royaux ne saurait nous étonner : en un temps d'anarchie comme le xviiie siècle, les conflits de juridictions, les rivalités de fonctions et de personnes, les empêchements apportés par les agents du gouvernement à l'exécution des édits et des ordonnances, tout cela est chose fréquente et naturelle. Mais l'énergie que déployèrent les magistrats municipaux dans la défense de leurs droits est faite pour nous surprendre. C'est une théorie, en effet, communément reçue, que la décadence des institutions communales se poursuit au xviiie siècle et que la Révolution seule a fait renaître en France la vie municipale, c'est-à-dire, en dernière analyse, la vie politique. Cette opinion serait-elle inexacte ? cette thèse trop absolue ? Les faits que nous avons rapportés semblent le démontrer. Mais ils ne sont pas les seuls incidents significatifs que contienne l'enquête de 1729. En écrivant au

et en donnant la préséance aux nouveaux créés sur les anciens, les uns et les autres se sont réunis pour troubler de toute manière les lieutenants de police dans l'exercice de leurs charges, de façon qu'il n'est resté à la plupart que le titre. »

1. J. de F., 1095, f° 179. A Châteauneuf-en-Thimeray, la charge de lieutenant de police est vacante depuis 1715 ; de même à la Fère, elle reste sans titulaire.

procureur général, les lieutenants de police lui ont parfois indiqué quels étaient les droits, les pouvoirs des officiers municipaux, dans quelle mesure les villes s'administraient par elles-mêmes. A l'aide de ces renseignements l'on peut arriver, sinon à retracer en détail, du moins à esquisser, de manière suffisamment exacte, l'état des institutions communales dans l'étendue du ressort du Parlement de Paris.

Il est assurément en France, au XVIIIe siècle, surtout dans la région du centre, un nombre assez considérable de bourgs ou de petites villes, où toute trace de vie, d'indépendance communale a disparu. A la Ferté Alais, à Fontainebleau, à Fresnay, à Château-regard, pas de municipalité. A Lorris, le lieutenant particulier, le prévôt et le lieutenant de police prétendent tous trois jouer le rôle d'officiers de ville et régir, chacun seul, les affaires municipales [1]. A Monthléry il n'y a ni hôtel de ville, ni assemblées extraordinaires. Les habitants se réunissent et votent, il est vrai; mais dans un seul cas, lorsqu'il s'agit d'élire les marguilliers [2]. Toutefois, ce sont là des exceptions : la plupart des villes sont gouvernées par des municipalités, et ces municipalités sont élues. L'édit de 1724 a aboli les offices de maires et assesseurs héréditaires créés par Louis XIV, rétablis en 1722 : partout les maires sont redevenus électifs et même dans certaines villes où, depuis longtemps, il n'existait plus de corps de ville, l'édit de 1724 provoqua un réveil d'esprit communal. A Baugé, le lieutenant de police se plaint que « depuis la supression de l'office de maire, quelques esprits mutins se sont mis en tête de faire un maire électif (quoiqu'il n'y en ait jamais eu) et ont élu le procureur syndic » [3]. Sans doute le nombre des magistrats municipaux n'est pas constant [4], leur élection n'a point lieu suivant un mode uniforme. Nous n'avons à nous préoccuper et à nous souvenir que d'un fait : les officiers de ville sont au XVIIIe siècle les représentants, les mandataires de leurs concitoyens : quand ils s'opposent à l'exécution de l'édit de 1699, ce n'est pas tant pour défendre leurs inté-

1. J. de F., 1095, f° 134.
2. De même à Usson, où les seules assemblées d'habitants sont les assemblées de paroisse. A Lusignan, il n'y a point de magistrats municipaux élus; mais les habitants se réunissent de temps en temps au Palais de justice.
3. J. de F., 1095, f° 36. Signé : La Vrillière, 24 décembre 1725.
4. A Dourdan, les habitants élisent un syndic qui règle toutes les questions peu importantes.

rêts menacés que pour sauvegarder les droits et les privilèges de la cité qu'ils administrent.

Dès lors la question se pose de savoir quels sont ces droits, et ces privilèges. Si le conseil de ville peut gérer les affaires municipales sans avoir besoin, à propos de chaque question, de prendre l'avis et, pour ainsi dire, les ordres des officiers royaux, il est un organisme politique indépendant, autonome, vivant par conséquent, et nous serons forcés de reconnaître qu'en France, au xviiie siècle, les institutions communales sont autre chose qu'une apparence ou qu'un vain mot. Si, au contraire, l'intervention gouvernementale est perpétuelle et tyrannique, il nous faudra avouer que les corps de ville n'ont pas d'importance ni de rôle, et que la liberté donnée aux habitants d'une cité d'élire leurs magistrats n'est qu'une liberté illusoire et ne leur confère pas une véritable autonomie.

Les pouvoirs des conseils de ville sont extrêmement variables. A Nemours, ils sont peu étendus : c'est l'intendant de la province qui conclut et signe les baux et adjudications ; le rôle des échevins se borne à ordonnancer les payements, à assigner les mandats ; mais, chose curieuse, si le corps de ville n'a que des droits et prérogatives fort limités, c'est à l'assemblée des habitants qu'appartient en fait l'administration de la cité : lorsque les échevins excèdent leurs droits, dépassent les disponibilités financières, engagent des dépenses imprévues ou contractent des emprunts, ils sont obligés de convoquer leurs électeurs pour obtenir la confirmation de leurs actes [1]. Toutefois le cas de Nemours constitue une exception. Presque partout les officiers municipaux ont des pouvoirs considérables : ils agissent, ils administrent, ils dépensent, ils imposent, sauf à rendre compte de leurs actes devant un officier royal. A Orléans, le droit de signer les baux et les contrats appartient à l'intendant ; mais le corps municipal administre, comme il l'entend, les ressources provenant de l'octroi, sauf à soumettre chaque année au lieutenant-général le relevé de ses dépenses [2]. A Pontoise, les échevins nomment les petits officiers (greffiers, sergents, valets, etc.) ; ils mettent en adjudication les travaux à effectuer, surveillent l'exécution des marchés, « décernent personnellement des mandats

---

1. J. de F., *ibid*, f° 184.
2. J. de F., *ibid.*, f° 195.

sur les receveurs pour les dépenses ordinaires, connaissent des
contestations entre les bourgeois qui sont sous les armes ». S'il
faut engager une dépense considérable, recourir à un expédient
financier, les échevins sont obligés d'en appeler à une autorité supérieure, d'obtenir une autorisation nouvelle. Mais quelle est cette autorité supérieure ? A qui doivent-ils demander cette permission dont
ils ont besoin ? A leurs concitoyens, à leurs électeurs, convoqués en
assemblée extraordinaire en présence des gens du roi [1]. En certaines
villes même, nous assistons à un effort très marqué des conseils de
ville pour augmenter leurs droits. A Baugé [2], le corps de ville refuse
de laisser pénétrer dans ses assemblées les deux lieutenants généraux et ordonnance souverainement le budget municipal. Mais ce
mouvement de résistance, cette tendance vers l'indépendance, l'autonomie sont surtout visibles dans la région du nord. Là, les souvenirs
des anciennes communes sont vivaces. L'autorité royale s'y exerce
depuis moins longtemps. Les villes ont gardé quelques-uns de leurs
privilèges ; elles ont acheté plusieurs des charges nouvelles qu'avait
créées Louis XIV : elles ont en général le droit de signer les baux,
de faire les adjudications, de régler les dépenses publiques. Mais
ces pleins pouvoirs financiers ne leur suffisent pas ; les échevins,
notamment à Boulogne-sur-Mer [3], à Dunkerque, prétendent connaître de tout ce qui regarde la police.

Les faits que nous venons de citer paraîtront trop peu nombreux,
trop fragmentaires. Quelque insuffisants qu'ils soient, ils montrent
cependant, nous semble-t-il, que la question des institutions municipales au xviiiᵉ siècle est plus complexe et plus confuse qu'on ne le
croit d'ordinaire, que les villes ne sont pas à la veille de la Révolution ces organismes sans importance et sans vitalité qu'on s'imagine
communément. Les historiens abandonnent de plus en plus la théorie des révolutions brusques, des coups de théâtre historiques. Le
xviiiᵉ siècle a été, au point de vue intellectuel, marqué par un mouvement de réaction contre le dogmatisme et l'esprit religieux du
siècle précédent : il serait assez logique qu'il fût, au point de vue
politique, marqué par un mouvement de révolte contre l'absolutisme

1. J. de F., *ibid.*, fº 198, De même à Châteauneuf-en-Thimeray.
2. J. de F., *ibid.*, fº 36.
3. J. de F., *ibid.*, fº 543. A Aire, les baux d'adjudication se font devant l'assemblée
des habitants, auxquels se joignent les officiers du roi.

de Richelieu et de Louis XIV, et que ce mouvement de révolte se soit traduit, comme à l'époque de la Réforme, par un retour aux traditions municipales. Nous ne prétendons point résoudre le problème : il nous suffit de l'avoir soulevé.

L. CAHEN.

MACON, PROTAT FRÈRES, IMPRIMEURS.

9 782329 633633